Sarah Fuhrken

Deutsch komplette Zusammenfassung für das Abitur 2013

GRIN Verlag

Bibliografische Information der Deutschen Nationalbibliothek:

Die Deutsche Bibliothek verzeichnet diese Publikation in der Deutschen National-
bibliografie; detaillierte bibliografische Daten sind im Internet über http://dnb.d-
nb.de/ abrufbar.

Impressum:

Copyright © 2013 GRIN Verlag GmbH
Druck und Bindung: Books on Demand GmbH, Norderstedt Germany
ISBN: 978-3-656-73395-9

Dieses Buch bei GRIN:

http://www.grin.com/de/e-book/279659/deutsch-komplette-zusammenfassung-fuer-
das-abitur-2013

GRIN - Your knowledge has value

Der GRIN Verlag publiziert seit 1998 wissenschaftliche Arbeiten von Studenten, Hochschullehrern und anderen Akademikern als eBook und gedrucktes Buch. Die Verlagswebsite www.grin.com ist die ideale Plattform zur Veröffentlichung von Hausarbeiten, Abschlussarbeiten, wissenschaftlichen Aufsätzen, Dissertationen und Fachbüchern.

Besuchen Sie uns im Internet:

http://www.grin.com/

http://www.facebook.com/grincom

http://www.twitter.com/grin_com

Deutsch

Inhalt

2. 1. Semester: Literatur & Sprache um 1800 / Drama und Kommunikation
   a. Periodisierung
      a. Warum ist Periodisierung wichtig
      b. Probleme
   b. Auswirkungen des aufklärerischen Gedanken
   c. Bedeutung alter Texte heute
   d. Entstehung & Bedeutung des Theaters in der Antike
      a. Theorie von Aristoteles in „Poetik"
         i. Komödie
         ii. Tragödie
         iii. Katharsis
         iv. Held einer Tragödie
   e. Theater im 18. Jahrhundert
      a. Entstehung durch Lessing
      b. Gottscheds Regelpoetik
      c. Theatertheorien Gottscheds und Lessing im Vergleich
   f. geschlossenes & offenes Drama
   g. Struktur des Dramas nach Freytag
   h. Theater als moralische Anstalt
      a. Schaubühne (Schiller)
   i. Sturm und Drang
      a. bürgerliches Trauerspiel
      b. Lessing: Hamburgische Dramaturgie
   j. Kabale und Liebe
      a. Figuren
      b. Handlung
      c. Sprache
      d. Intrige
      e. Ferdinands Beziehung zu Luise
      f. Kabale und Liebe als Stück des Sturm und Drang
      g. Ferdinand als Stürmer und Dränger
      h. Konflikte
   k. Romantik
      a. Motive
      b. Romantik als Ausdruck einer Krisenerfahrung
      c. Romantik & Aufklärung im Vergleich
      d. Gemeinsamkeiten
   l. Bertold Brecht
      a. Dramatisches und Episches Theater im Vergleich
      b. offene Parabelform
   m. Der gute Mensch von Sezuan
      a. Inhalt

3. **2.Semester: Literatur und Sprache um 1900 / Vielfalt lyrischen Sprechens**
   a. Moderne
      i. Umbruch
   b. Traditionelles & Modernes Erzählen im Vergleich
   c. Effi Briest
      i. Inhalt
      ii. Stil
   d. Fräulein Else
      i. Inhalt
      ii. Stil
   e. Effi und Else im Vergleich
   f. Was ist der Mensch?
      i. Wandel des Menschenbildes
      ii. Freuds psychischer Apparat
         1. Das Es
         2. Das Ich
         3. Das Über-Ich
      iii. Nihilismus
      iv. Vergleich „Das Göttliche" & „Arzt II"
      v. Lebenskrisen & Identitätsprobleme
      vi. Stationen des Lebens
   g. Frauenbilder
      i. Ideal
      ii. Typen
         1. Femme fragile
         2. Femme fatale
      iii. Rollenverhalten der Frau im Wandel
   h. Liebe
      i. lyrische Themen
      ii. Liebesauffassung im Mittelalter
      iii. Liebesauffassung im Barock
      iv. Liebesauffassung im Sturm und Drang
      v. Liebesauffassung in der Klassik
      vi. Liebesauffassung in der Romantik
      vii. Liebesauffassung im Realismus
      viii. Liebesauffassung in der Moderne
      ix. Liebesauffassung in der Postmoderne

4. **3. Semester: Literatur & Sprache von 1945 – Gegenwart**
   a. Gesellschaftliche Veränderungen nach 1945
   b. Adoleszenzliteratur allgemein
   c. Adoleszenz im Wandel
   d. Jugendliteratur im wandel
      i. Trümmerliteratur
      ii. Jugendliteratur der 60er
      iii. Neue Jugend (90er)
      iv. Wandel im Vergleich
      v. Unterschiede DDR/BRD

Allgemein

Zusammenfassung Deutsch

Epochenumbrüche

<u>vom 18. zum 19. Jahrhundert</u>
- von der Aufklärung über Sturm und Drang/Weimarer Klassik, Romantik bis zum Vormärz
- Prozess der Autonomie des Individuums
- zunehmende literarische Öffentlichkeit

<u>vom 19. zum 20. Jahrhundert</u>
- vom Naturalismus bis zur Literatur der Weimarer Republik
- verdeutlicht den Beginn der Moderne mit Vielgestaltigkeit & Gegensätzlichkeit (wirkt bis heute an)

<u>vom 20. zum 21. Jahrhundert</u>
- von der Wende bis zur unmittelbaren Gegenwart
- Globalisierung: Wandel von Industriegesellschaft zur Wissensgesellschaft
- großer Facettenreichtum

Zentrale Autoren

Aufklärung
- Lessing
- Gottsched

Sturm und Drang
- Schiller
- Goethe
- Gottfried August Bürger

Klassik
- Schiller
- Goethe
- Hölderlin
- Kleist

Romantik
- Kleist
- Tieck
- Novalis
- Schlegel
- Bretano
- Eichendorff
- E.T.A. Hoffmann

Realismus
- Fontane
- Keller

Moderne
- Sigmund Freud
- Gottfried Benn
- Arthur Schnitzler

Postmoderne
- Heinrich Böll
- Paul Celan

Allgemeiner Aufbau
- <u>Einleitung:</u> Autor, Titel, Jahr, Thema
- <u>Inhaltsangabe:</u> des Buches bis zum Abschnitt & genau des Abschnitts
- <u>Hauptteil/Analyse:</u> Wer spricht mit wem, in welcher Situation, in welcher Absicht, worüber? Figurenkonstellation, Ort (Wirkung), Zeitgestaltung, Erzähler: Perspektive, Haltung, Darstellungsform → Wirkung
- <u>Interpretation:</u> Was verdeutlicht dieser Dialog? Beziehung zu Figuren, Handlung, Intention; Könnte man die Szene weglassen? Was würde verloren gehen?

Epischer Text:
- Erzähler berichtet über Vergangenes
- Erklärungen zum Ort, zu den Handlungen
- beim auktorialen Erzähler: Kommentare, Gedanken aller Figuren, Zukunft und Vergangenheit

Genre

<u>Roman</u>
- sehr lang
- komplex
- vielschichtig

<u>Erzählung</u>
- relativ lang
- nicht so komplex wie Roman

<u>Parabel</u>
- Übertragung eines Sachverhalts in ein sprachliches Bild
- Lösung des gestellten Problems wird geboten

<u>Weitere</u>
- Epos (Roman i. Versform)
- Fabel
- Heldensage

<u>Kurzgeschichte</u>
- Verknappung der Handlung
- besondere Begebenheit
- wenig Personen

<u>Novelle</u>
- längere Erzählung
- geschlossen, linear

<u>offene Parabel</u>
- von Brecht entwickelt
- Verfremdung des Vertrauten
- Zuschauer muss Lösung selbst finden

- Sage
- Legende

Darstellungsformen
- <u>Bericht:</u> straffe, geraffte Darstellung in zeitlicher Abfolge
- <u>Beschreibung:</u> anschauliche Darstellung
- <u>szenische Darstellung:</u> Entfaltung der Situation, detailliert
- <u>Kommentar:</u> Eingreifen des Erzählers mit Bemerkung, Urteil, Überlegung

Rede- & Gedankenwiedergabe
- <u>direkte Rede</u>
- <u>indirekte Rede</u>
- <u>erlebte Rede:</u> Wiedergabe von Gedanken & Gefühlen in 3. Person
- <u>innerer Monolog:</u> Wiedergabe von Gedanken & Gefühlen in 1. Person

Erzählhaltung
- Einstellung des Erzählers
- sachlich, ironisch, humorvoll, kritisch, melancholisch

Erzählform & -perspektive
- Er/Sie oder Ich-Erzähler
- Innenperspektive oder Außenperspektive

Erzählverhalten
- <u>auktorial:</u> allwissender Erzähler, kann sich einmischen
- <u>personal:</u> am Geschehen beteiligt, aus der Sicht einer Figur
- <u>neutral:</u> Erzähler nicht „anwesend", Geschehen wird wiedergegeben

Figurenkonzeption

direkte Charakterisieren

- durch Erzähler
- durch andere Figur
- durch Figur selbst

Aspekte:

- äußere Merkmale (Aussehen, Kleidung)
- innere Merkmale (Eigenschaften, Einstellungen)
- sozialer Stand
- Lebensumstände

Zeit

- Zeitraffung: Erzählzeit < erzählte Zeit
- Zeitdeckung: Erzählzeit = erzählte Zeit
- Zeitdehnung: Erzählzeit > erzählte Zeit

Analyse & Interpretation epischer Texte

Aspekte

- Thema
- Stoff
- Motive
- Handlung
- Figuren (-konstellation)
- Zeit und Raum
- episches Genre
- Aufbau
- Erzählform
- Erzählverhalten

indirektes Charakterisieren

- Art der Darstellung
- Leser zieht Schlüsse

- Darstellungsform
- Formen der Rede- & Gedankenwiedergabe
- Bildlichkeit
- Sprache & Stil
- o politische & soziale Situation
- o Biografie & Werk
- o Epoche
- o Lebensweltbezug

Achten auf

- erst Aspekte (schwarzer Kreis) festlegen, dann untersuchen, dann textüberschreitende Aspekte (leerer Kreis) einbeziehen
- Fazit ziehen
- Ergebnisse ordnen
- sachlich & präzise
- Zitate (nachweisen)

Drama:

- Bühnenbild
- Verhalten der Figuren ist offensichtlich
- wörtliche Rede: Dialoge & Monologe (Erzähler nur „Bühnenanweisung")
- Gestik, Mimik, Stimme etc. der Schauspieler
- erzählende Elemente im modernen Theater, nicht im klassischen

Genre

nach Handlungs- & Konfliktmustern

- Tragödie
- Komödie
- Schauspiel
- Groteske
- Tragikomödie

- geschlossenes oder offenes Drama

nach epochenspezifischen Mustern

- dokumentarisches Drama
- episches Drama
- absurdes Drama
- klassisches Drama
- soziales Drama
- bürgerliches Trauerspiel

Aufbau

- nach Freytag (Pyramide)

Figurenrede
- Dialog & Monolog
- Botenbericht: vergangene Ereignisse werden geschildert (zur Wahrung der drei Einheiten)
- Teichoskopie (Mauerschau) → über eine Mauer schauen & berichten
- Beiseitesprechen: nur zum Publikum gesprochen
- Chor
- Aspekte zur Dialoganalyse
  o Thema des Gesprächs
  o Gliederung des Gesprächs
  o Gesprächsverhalten der Figuren (Intentionen, Strategien)
  o Gesprächsergebnis

Figurenkonzeption
- macht die Figur eine Entwicklung durch?
- Handelt es sich um eine komplexe Figur (Charakter) oder um Typen?
- Sind die Figuren im Handeln frei oder durch Verhältnisse bestimmt?
- Ist ihr Handeln nachvollziehbar (offen) oder rätselhaft (geschlossen)?

Charakterisierung der Figuren
- äußere Merkmale (Aussehen, Kleidung)
- innere Merkmale (Eigenschaften, Einstellungen)
- sozialer Stand
- Regieanweisungen
- Äußerungen anderer Figuren
- eigene Äußerungen
- Sprache & Sprechweise
- Handlungsweise & Verhalten

Analyse & Interpretation dramatischer Texte (Szenenanalyse)
Aspekte:
- Thema
- Stoff
- Motive
- Figuren(-konstellation)
- Handlungsführung
- Konflikt
- Figurenrede
- Dialoggestaltung
- Aufbau (&Elemente)
- Zeit
- Raum
  o historische Umstände
  o politische Situation
  o gesellschaftliche Situation
  o Epoche
  o Gattungsgeschichte
  o Lebensweltbezug

Achten auf
- erst Aspekte (schwarzer Kreis) festlegen, dann untersuchen, dann textüberschreitende Aspekte (leerer Kreis) einbeziehen
- Fazit ziehen
- Ergebnisse ordnen
- sachlich & präzise
- Zitate (nachweisen)
- Fragen für Analyse:
  o Wie sind die Gesprächsanteile auf Figuren verteilt?
  o Ergreift eine Figur die Initiative? Verändert sich dies im Lauf?
  o Verfolgt eine Person eine bestimmte Taktik?
  o Sagen sie etwas anderes als sie denken? Warum?
  o Reaktionen aufeinander

Lyrischer Text
Genre
- Liebesgedicht
- Naturgedicht
- Stadtgedicht
- Gedankenlyrik
- Politische Lyrik
- Religiöse Lyrik
- Alltagslyrik

Sonett
- 14 Zeilen
- 4 Strophen
- Kreuzreim

Ballade
- erzählt Geschichte
- oft mit Held

Erzählgedicht
- offen
- nicht dramatisch

Lied
- singbares Gedicht
- strophische Gliederung

Ode
- Feierlichkeit
- hoher Sprachstil

Elegie
- Trauer & Klagecharakter

Bildlichkeit
- <u>Personifikation:</u> Darstellung von Gegenständen als handelnde Personen
- <u>Vergleich:</u> wie, als, ob (Herzwände öffnen sich wie japanische Türen)
- <u>Metapher:</u> bildhaft, schafft im Kontext neue Bedeutungen
- <u>Allegorie:</u> Verbildlichung eines abstrakten Begriffs/Vorgangs
- <u>Symbol:</u> (Kreuz steht für Tod oder Kirche etc.)
- <u>Chiffre:</u> Zeichen, das nicht auflösbar ist

Klanggestalt
- Klang beim Aussprechen
- Lautmalerei
- Auftakt (unbetonte Silbe am Anfang des Vers)

Kadenz
- am Ende unbetont → weibliche Kadenz
- am Ende betont → männliche Kadenz

Reim
- Anfangsreim: die ersten Silben reimen sich
- Binnenreim: Wörter innerhalb einer Zeile reimen sich
- Endreim:
  - Paarreim: aa bb
  - Kreuzreim: ab ab
  - Schweifreim: aab ccb
  - umarmender Reim: ab ba
  - Haufenreim: aaa bbb
- reiner Reim: Tor/Ohr
- Halbreim: neige/reiche
- unreiner Reim: Gefühl/Spiel

Vers
- <u>Zeilenstil:</u> Satzende und Versende stimmen überein
- <u>Enjambement:</u> Zeilensprung, Satz geht in nächster Zeile weiter

Rhythmus & Metrum
- Jambus (uB)
- Trochäus (Bu)
- Daktylus (Buu)
- freier Vers

→immer die Bedeutung benennen!

Analyse & Interpretation von Lyrik
Aspekte
- Vers & Strophe
- Rhythmus & Metrum
- Klanggestalt
- Reim

- Aufbau & Elemente
- lyrisches Ich
- lyrisches Genre
- Bildlichkeit
- Thema
- Motive

- Sprache
  o politische & soziale Situation
  o Biografie & Werk
  o Epoche
  o Lebensweltbezug

Achten auf
- erst Aspekte (schwarzer Kreis) festlegen, dann untersuchen, dann textüberschreitende Aspekte (leerer Kreis) einbeziehen
- zentrale Bildbereiche mit unterschiedlichen Farben markieren (Bsp. Feuer & Licht; Körper; Liebe)
- Fazit ziehen
- Ergebnisse ordnen
- sachlich & präzise
- Zitate (nachweisen)

Analyse & Erörterung pragmatischer Texte
Aspekte
- Textsorte
- Thema des Textes
- Textaufbau
- Wertvorstellung d. Autors
- Argumentationsweise
- rhetorische Mittel

- Stil
- Adressatenbezug
  o Publikationsform
  o historische Umstände
  o Biografie & Werk
  o Gegenwartsbezug

Argumentationsweise
Begründungsverfahren
- Berufung auf Autoritäten
- Berufung auf Fakten
- Berufung auf Normen

- Berufung auf Erfahrung
- logische Schlussfolgerung

Manipulationstechniken
- Übertreibung
- Verwirrung
- Ausweichen

- Verdrängung
- Verdrehung
- Unterstellung

Sanduhrmodell oder These-Gegenthese-Modell
Achten auf:
- Widersprüchliches, Auffälliges
- Thesen des Autors festhalten
- Argumente des Autors kritisch beurteilen
- Argumente belegen
- sachlich
- Zitate

Literarische Erörterung: (pro & contra)
Fragestellung die sich aus Werk ergeben erörtern (Effi wg. Affäre verurteilen?)

Redeanalyse
Einleitung:	Redner
	Kontext
	Adressaten
	Ort
	Inszenierung
Analyse:	Inhalt, nonverbale Kommunikation (Mimik, Gestik)

	verbale Kommunikation (Betonung, Bezug, Satzbau, Wortwahl, rhetorische Mittel)
	Argumentationsaufbau (Stil)
Interpretation:	Wirkung der Rede (auf Zeitgenossen / aktuelle Leser)
	Intention der Rede
	Folgen (mögliche und tatsächliche)
	Bewertung

Adressatenbezogenes Schreiben

gängige Textsorten:
- Leserbrief: kritisch, berichtigend, ergänzend, stark subjektiv
- Rezension: Wiedergabe des Inhalts & Wertung vermischt
- Kommentar: Stellung nehmen, Wichtigkeit erläutern, Position nennen
- Essay: eher subjektiv, Denkanstöße
- Exposé: schriftliche, noch nicht verwirklichte Arbeit vorstellen „Fahrplan"
- Rede: Sachverhalt darstellen & eigene Meinung
- Glosse: satirischer Kommentar, Ironie, Übertreibung, Pointen

Achten auf:
- Stoffsammlung
- Schreibstrategie, Ton & Aufbau
- Analyse Ausgangstext & dann eigener Text

Gestaltendes Interpretieren
- Ton & Sprache müssen an den Ausgangstext anschließen

Gestaltungsformen
- Plädoyer
- Rollenbiografie
- innerer Monolog
- Dialog
- Szene gestalten
- Schluss einer Erzählung
- Brief
- Tagebucheintrag

Sprachanalyse

Syntax
- Parataxe
- Hypotaxe
- Anapher: Wiederholung von Satzanfängen
- Ellipse: unvollständiger Satz
- Inversion: Umkehrung der Satzstellung
- Neologismus: Wortneuschöpfung
- Hyperbel: starke Übertreibung
- Metapher: Bsp: mit seinen Klauen (nicht wortwörtlich)
- Vergleich: so stark WIE ein Löwe
- Allegorie: ähnlich Personifikation
- Personifikation: Vermenschlichung
- Symbol: Kreuz für Tod/ Kirche
- Klimax: dreigliedrige Steigerung
- Oxymoron: zwei Wörter die sich ausschließen (geliebter Feind)
- Alliteration: Milch macht müde Männer munter

-Literatur und Sprache um 1800
-Drama & Kommunikation

Zusammenfassung Deutsch, 1. Semester

Periodisierung
Warum ist Periodisierung wichtig
- Verbindungen zwischen einzelnen Werken können hergestellt werden
- bestimmte Entwicklungen leichter sichtbar

Probleme
- keine klaren Grenzen
- beeinflussen sich gegenseitig
- Verallgemeinerung epochentypischer Merkmale
- einzelne Dichter lassen sich schwer einordnen

Auswirkungen des aufklärerischen Gedanken

Politisch	• **Demokratie** • **frz. Revolution 1789** • **Unabhängigkeitserklärung 1776** • **Gleichheit und Freiheit aller Menschen → Menschenrechte**
Gesellschaftlich	• Wertschätzung der Bildung • Schulpflicht, Universitätsgründung
Religiös	• Loslösung vom Wort des Priesters/ der Bibel • Deismus (Gott kann nicht in Geschehen eingreifen)
Wissenschaftlich	• Forschung hat höheren Stellenwert als die Kirche
literarisch	• Aufklärung durch Literatur („moralische Wochenschriften") • Schriftsteller sehen sich als Kritiker

Bedeutung alter Texte heute
- historisch
- Beispiel für Unterschiede in der Gesellschaft → Kulturen blockieren Beziehung
- noch aktuelle Probleme in anderen Ländern
- allgemein menschliche Probleme
- thematische Anknüpfungspunkte an heutiges Leben (<u>Dr. Quinten</u>)

Entstehung & Bedeutung des Theaters in der Antike
- Tragödien des klassischen Griechenlands entstanden aus Festen
- schlecht zu spielende Szenen wurden von Erzähler erzählt

Theorie von Aristoteles in „Poetik"
- Einheit der Zeit, Einheit des Ortes, Einheit der Handlung
- diese antike Theatertradition bricht im Mittelalter ab

<u>Komödie:</u>
- nachahmende Darstellung niederer Menschen
- Hässliches & Gemeines wird nicht verletzend dargestellt

<u>Tragödie:</u>
- Darstellung einer ernsten, abgeschlossenen Handlung
- in 24 Stunden

<u>Katharsis:</u>
- Zuschauer fühlt mit Helden mit, erlebt Furch & Mitleid → wird gereinigt

<u>Held einer Tragödie:</u>
- Mensch in hoher Stellung
- weder besonders gut noch besonders böse

Theater im 18. Jhdt

- politisch zersplittertes Land
- keine nationale Identität
- deutsche Sprache untergeordnet
- nur wenige können lesen
- Theater spielt deshalb große Rolle

- Wanderbühnen: selten Hochdeutsch
- reagieren auf Zurufe
- Hoftheater nur für Adel: frz. und antike Dramen

Entstehung des Theaters durch Lessing

- eigene Vorstellungen von zeitgemäßen Theater
- Theater im Sinne der Aufklärung
- orientiert sich an Shakespeare
- Katharsis: moralische Festigung & sittliche Erziehung des Publikums
- Bruch mit Ständeklausel → neue Formen des Theaters (bürg. Trsp.)

Gottscheds Regelpoetik (1730)

- Dramentheorie nach streng vorgegebenen Regeln
- Dramen sollen eine moralische Lehre vermitteln
- Handlung soll wahrscheinlich sein
- Handlung soll einsträngig und in 5 Abschnitte unterteilt sein
- muss den 3 Einheiten von Aristoteles entsprechen
- allgemein sehr an Aristoteles orientiert
- hält an Ständeklausel fest → Bürger in Komödie, Adlige in Tragödie

Theatertheorien Gottscheds und Lessings im Vergleich

Gottsched	Lessing
Vorbild: französisches Drama	Vorbild: englisches Drama/Shakespeare
Starres Regelwerk	flexibel; nur Einheit der Handlung wichtig
Ständeklausel	Helden müssen sich als Identifikations-Figur eignen, Bruch m. Ständeklausel
Drama als Veranschaulichung eines moralischen Satzes	Moralische und sittliche Bildung durch Mitleiden (Katharsis)
Traditioneller Vers	Neue, flüssigere Form: Blankvers

	Geschlossenes Drama	Offenes Drama
Aufbau	• Aufbau nach Freytag • Entfaltung des Konfliktes am Anfang, Lösung am Ende	• Abfolge von Szenen • lose Abfolge, manchmal sogar austauschbar • unvermittelter Einstieg mit offenem Ende
Figuren	• griechisches Drama: meist Adel • wesentlichen Einfluss auf Handlung • eindeutige Heldenfigur • gut & böse klar definiert	• Figuren aller sozialer Schichten • von Trieben bestimmt • oft „Antihelden" • passiv wirkende, ausgelieferte Figuren
Handlung	• logischer, abgeschlossener Handlungsablauf • nicht austauschbar	• isolierte Abfolge, keine zeitliche/logische Ordnung • detaillierter als geschlossenes Drama
Raum	• Einheit des Ortes • ohne Details	• ohne Einschränkungen • charakterisiert Geschehen
Sprache	• oft Versform • „hoher" Stil	• keine gebundene Sprache • für Stand typische Sprache
Zeit	• keine Zeitsprünge	• längere Zeiträume, Zeitsprünge

Struktur des Dramas nach Freytag

```
                    ┌─────────────────────────────┐
                    │  3. Höhepunkt & Wendepunkt  │
                    └─────────────────────────────┘

┌──────────────────────────────┐        ┌──────────────────────────────────┐
│ 2. steigende Handlung mit     │        │ 4. fallende Handlung mit         │
│ erregendem Moment:            │        │ retardierendem Moment            │
│ Geschehen beschleunigt sich,  │        │                                  │
│ Intrigen etc.                 │        └──────────────────────────────────┘
└──────────────────────────────┘

┌──────────────────────────────┐        ┌──────────────────────────────────┐
│ 1. Exposition:                │        │ 5. Katastrophe                   │
│ Hauptpersonen, Konflikt,      │        │ Untergang des Helden             │
│ Situation, Umfeld             │        │                                  │
└──────────────────────────────┘        └──────────────────────────────────┘
```

Theater als moralische Anstalt
- Verbesserung des gesellschaftlichen Zustands
- Erziehung zu Anstand, Ordnung, Gerechtigkeit, Frieden
- verständliche Darstellung von Wissenschaft

Was kann eine gute stehende Schaubühne eigentlich wirken? (1785, Schiller)
- Schiller: Idealist
- Antithese zum höfischen Theater
- Grundgedanke: Nationalbühne um Menschen zu erreichen & Wertvorstellungen prägen
- sichtbare Darstellung wirkt mehr als geschriebenes Wort
- Wirkung des Theaters ist stärker als Moral & Gesetze
- thematisiert Bereiche die von Religion nicht thematisiert werden (Bsp.: Selbstmord) → Hinweis auf Fehlverhalten der Menschen
- beeinflusst durch heilsamen Spott, Rührung, Schrecken, Scherz & Satire
- vereinigt alle Stände & Klassen → zersplittertes Deutschland vereint
- Theater lässt alle Menschen gleich werden → nur Mensch sein
- durch Emotionen im Theater verändert sich der Mensch

Sturm und Drang (Geniezeit)
- Strömung der Aufklärung
- gleiche Ziele wie Aufklärung → anderer Weg
- industrielle Revolution
- Unabhängigkeitserklärung
- selbstständig
- emotional
- von sich selbst überzeugt → genial
- schöpferisch
- naturverbunden
- kritisieren Autorität
- entsagten dogmatischen Vorgaben
- Rebellion des Einzelnen
- Ausrufe, Kraftausdrücke
- halbe Sätze, Metaphern
- Literatur als Beweis für Schaffenskraft

bürgerliches Trauerspiel (Prosa)
- Scheitern d. Helden
- Bruch mit Ständeklausel
- Konflikt in bürgerlicher Welt
- hochpolitisch
- Emanzipation des Bürgertums
- Belehrung durch Mitleid
- keine thematische Beschränkung
- Konflikt zwischen Bürgertum & Adel

Gotthold Ephraim Lessing: Hamburgische Dramaturgie:
- Mitgefühl mit Adel ist weniger wirksam als mit Bürgertum→ zu abstrakt
- durch Emotionen im Theater verändert sich der Mensch

Kabale und Liebe (Drama)
Figuren:

Herr Miller:
- realistisch
- standesbewusst
- aufbausend
- steht über Frau

Frau Miller:
- aufstiegswillig
- Tochter als Instrument
- einfältig

Luise Miller:
- unsicher, Selbstzweifel
- nachdenklich
- romantisch

Ferdinand:
- adelskritisch
- romantisch
- emotional

Präsident v. Walther:
- machtbesessen
- arrogant
- egoistisch
- skrupellos

Wurm:
- liebt Luise
- skrupellos
- intrigant
- egoistisch

Hofmarshall v. Kalb:
- eitel
- naiv/dümmlich
- tratschsüchtig
- lächerlich

Lady Milford:
- Favoritin d. Fürsten
- großzügig
- romantisch

Fürst

Handlung:
- Luise und Ferdinand lieben sich
- Wurm liebt Luise
- Präsident arrangiert Hochzeit zwischen Ferdinand und Lady Milford
- Ferdinand lehnt ab
- Intrige wird geschmiedet
- Miller kommt ins Gefängnis
- Ferdinand will mit Luise fliehen
- Wurm diktiert Luise Brief an Kalb
- Ferdinand liest Brief → Eifersucht
- Ferdinand vergiftet Luise → sie stirbt
- Wahrheit kommt raus → Ferdinand will Vater umbringen → stirbt selbst

Sprache:
- die meisten Figuren sprechen sehr bildlich
- Ferdinand & Luise: emotional
- Miller: vulgäre Sprache

geplanter Ablauf der Intrige:
Eltern werden verhaftet → Luise schreibt Liebesbrief an von Kalb & schwört zu Schweigen → Ferdinand wird eifersüchtig → L. & F. trennen sich → F. heiratet Lady Milford, L. heiratet Wurm um Ruf zu retten → Präsident & Wurm zufrieden

Ferdinands Beziehung zu Luise
- erste gemeinsamer Auftritt der beiden kommunikationslos → Vorausdeutung auf Kommunikationsschwierigkeiten
- er meint ihre Gedanken- und Gefühlswelt zu durchschauen
- fordert völlige Hingabe ihrerseits zu ihm
- behandelt sie wie einen Besitz
- Ferdinand misstraut ihr → Eifersucht
- ohne Urteil noch einmal in Frage zu stellen tötet er Luise

Kabale und Liebe als Stück des Sturm und Drang

- fühlender, ganz in der Liebe aufgehender Mensch
- F. rebelliert gegen Ständegesellschaft
- F. handelt emotional
- Konflikt zwischen Leidenschaft & Moral
- Ausbruch aus Gesellschaft
- Individualität der Person (F.)
- Kritik an Adel & Bürgertum

Ferdinand als Stürmer und Dränger:

- emotional
- metaphorische Sprache
- kritisiert Adel
- kämpft für Freiheit
- gegen Ständegesell-schaft

Romantik:

- Traum & Wirklichkeit
- dunkle Seiten des menschlichen Innern
- Selbstironie
- nicht an Ort gebunden (wie Weimarer Klassik)
- nicht an Personenkreis gebunden (wie Sturm und Drang)
- Auffassungen sogar innerhalb der Zirkel nicht einheitlich → vielschichtig
- definiert sich durch Weigerung sich definieren zu lassen
- Gattungen werden vermischt
- Poesie als Lebenselixier, kann die Welt verändern
- das Wesentliche ist hinter dem Sichtbaren
- mit der Nacht ist alles sichtbare verschwunden → in der Nacht sieht man die wesentlichen Dinge

Motive:

- Sehnsucht
- Nacht
- Heimatlosigkeit
- Getrieben sein
- Wandern
- Gegensätze sollen vereint werden
- Furcht vor Ich-Verlust
- Motiv des Doppelgängers
- Besinnung auf deutsche Geschichte
- Kind als Ideal (fantasievoll)

Romantik als Ausdruck einer Krisenerfahrung

- Reaktion auf Industrialisierung und frz. Revolution
- Aufklärung bringt keine Freiheit für Individuum
- von der Gesellschaft abgewandt (unpolitisch)
- alles ist schön (≠ Naturalisten: Wirklichkeit wie sie ist)
- Suche nach Halt
- Romantik wendet sich Vergangenheit zu → Ablehnung der Gegenwart
- Poetisierung schafft eine zweite Welt (innere Welt)
- soziale Unterschiede und politische Frustration

Aufklärung und Romantik im Vergleich

Aufklärung (1720 – 1785)	Romantik (1790 – 1850)
aufklärerisch: Auflösen des Unklaren durch Vernunft	**romantisch:** übertrieben, unwirklich, fantastisch
Vorindustrielles Zeitalter Fortschrittoptimismus: wissenschaftliche Erkenntnis, analytisches Denken	**Industrielle Revolution** Gegenreaktion auf die Veränderungsgeschwindigkeit der Gesellschaft: Langsamkeit, Tiefe, Wiederholung
Zeitalter des **Rationalismus** („Licht der Aufklärung")	Zeitalter des **Irrationalismus/ Verstand und Gefühl**
Vernunft & Verstand als Maß allen Handelns;	Künstler als **Außenseiter der Gesellschaft,**

Literatur soll erziehen	Betonung des **Emotionalen**
Revolutionäre Ideen, Freiheit, Gleichheit, Brüderlichkeit	**Poetisierung des Lebens:** von Politik & Gesellschaft abgewandt
Regelpoetik: Dichten kann nach klaren Vorgaben erlernt werden	**Freie Formen,** Verschmelzung von Gattungen
Literarische Themen: Vernunft, Kritik, Erkenntnis & Belehrung	**Literarische Themen:** Unerklärliches, Unheimliches, Traum, Nacht, Wahnsinn, Sehnsucht, Überwindung von Grenzen
Ablehnung von Tradition	**Rückwendung zur Vergangenheit**
Religionskritik **Toleranzgedanke:** Christentum als <u>eine</u> Form des Gottesglaubens	**Hinwendung zum Katholizismus**

Gemeinsamkeiten:
- gleiche Ziele (Handeln ohne Autorität)
- beide streben nach Erkenntnis (Aufklärung: Erkenntnis der äußeren Welt; Romantik: Erkenntnis des Inneren)
- Durchsetzen von Menschenrechten
- Kritik an Adel & Schwäche d. Bürgertums

<u>Bertold Brecht</u>
- Kommunist
- experimentiert mit neuer Form des Theaters
- statt Einfühlung d. Zuschauers Verfremdung
- statt fantasievoller Welt: reale Welt
- Figuren sind nicht hilflos Schicksal ausgeliefert
- keine abgeschlossene Handlung
- nicht in 24 Stunden
- → neue Haltung des Zuschauers
- → **Episches Theater**
- erzählende Elemente (Epik)
- Betrachter soll nur durch das Erzählte belehrt werden, nicht durch Schicksal der Figuren

Dramatisches und Episches Theater im Vergleich

Dramatische Form des Theaters	Epische Form des Theaters
Die Bühne...	**Die Bühne...**
verkörpert einen Vorgang	erzählt einen Vorgang
verbraucht Aktivität d. Zuschauers	weckt Aktivität d. Zuschauers
ermöglicht dem Zuschauer Gefühle	erzwingt von ihm Entscheidungen
Der Zuschauer wird in eine Handlung hinein versetzt	Der Zuschauer wird einer Handlung gegenüber gesetzt
Der Mensch ist bekannt	der Mensch wird untersucht
der unveränderliche Mensch	der veränderliche Mensch
Spannung auf den Ausgang	Spannung auf den Gang
linearer Verlauf	kurviger Verlauf

- ja, so habe ich auch schon gefühlt
- nein, so darf man es nicht machen

offene Parabelform
- von Brecht entwickelt
- Verfremdung des Vertrauten
- Zuschauer muss Lösung finden indem er sich Ende selbst ausdenkt

Der gute Mensch von Sezuan

- über den Zwiespalt des Menschen in einer kapitalistischen Gesellschaft →
  unmoralischer Gewerbedruck gegen Moral des Helfens
- Musterbeispiel für das epische Theater
- Religions- und Kapitalismuskritik, Kritik an bürgerlicher Aufklärung
- spielt in Sezuan in China → Verfremdungseffekt durch große Distanz
- der Ort steht jedoch für jeden Ort, an dem Menschen durch Menschen
  ausgebeutet werden
- Shen Te als naive Helferin, welche zu spät merkt, dass Selbstlosigkeit in einer
  kapitalistischen Welt zum eigenen Untergang führt
- Religionskritik: Die Götter scheitern, aber sie gestehen es sich nicht ein, sie sind
  blind für ihre unglückselige Weltordnung, obwohl sie am Ende feststellen
  müssen, dass es noch nicht einmal einen ganzen guten Menschen gibt,
  sondern nur einen teilweise guten
- Gott hat die Welt nicht nur falsch eingerichtet, er ist obendrein noch blind und
  feige. Mit solchen Göttern ist also keine ordentliche Welt zu gestalten.

Inhalt:

- in Sezuan besuchen drei Götter die Erde
- wollen in von Egoismus geprägter Welt guten Menschen finden
- Wasserverkäufer Wang will Unterkunft für Götter finden
- Prostituierte Shen Te nimmt sie auf
- nimmt immer Nachteil in Kauf um anderen zu helfen
- hat Geldsorgen, bekommt von Göttern viel Geld
- kauft Tabakladen um nicht mehr anschaffen zu gehen
- selbstloses Engagement verbraucht alle Reserven
- schlüpft in Rolle des erfundenen Vetter Shui Ta
- rettet Existenz durch Rücksichtslosigkeit
- wird schwanger
- baut zum Wohle des Kindes als Shui Ta Tabakfabrik auf
- Shen Te taucht monatelang nicht auf, Shui Ta unter Mordverdacht
- Shui Ta vor Gericht aus den drei Göttern, gibt wahre Identität preis
- gut sein ist in dieser Welt nicht erfüllbar
- Götter ignorieren diese Erkenntnis
- offenes Ende, Zuschauer muss Lösung finden (Veränderung der Gesellschaft)

-Literatur und Sprache um 1900
- Vielfalt lyrischen Sprechens

Zusammenfassung Deutsch, 2. Semester

Moderne (1890-1930 (danach Postmoderne))

Leitidee	<ul><li>Konflikte und Zerfall der Gesellschaft</li><li>Individuum in der Krise</li><li>Kritik an der kapitalistischen Geldwirtschaft</li><li>„antibürgerliche Bürgerlichkeit" → Skepsis gegen bürgerliche Welt</li></ul>
Menschenbild	<ul><li>Suche nach Sinn des Lebens/Platz in der Gesellschaft</li></ul>
Geschichtlicher Hintergrund	<ul><li>Verschärfung der sozialen Gegensätze durch industrielle Revolution</li><li>Auflösung alter Traditionen → Neuorientierung</li></ul>
Literatur	<ul><li>Neue Erzähltechniken</li><li>Thema: Unfähigkeit der Anti-Helden</li></ul>

Umbruch:
- Umbruch vom Realismus zur Moderne und somit auch der Umbruch vom traditionellen zum modernen Erzählen
- Emanzipation der Frau
- neue Erkenntnisse über den Menschen (Kosmos, Evolution, Psyche)
- →altes Weltbild als „falsch" bewiesen, Krise des Ichs

Traditionelles Erzählen & Modernes Erzählen im Vergleich

Merkmal	traditionelles Erzählen	modernes Erzählen
Weltbild	geschlossen, vertraut harmonisch, konkret	gespalten, offen, abstrakt, verfremdet
Werte	klare Werte (gut/böse)	Unsicherheit, Werteflut
Mensch	<u>lebt</u> in Harmonie mit sich selbst <u>strebt</u> nach Bildung, Kultur, Kunst, Schönheit <u>verzichtet</u> auf irdische Güter <u>sucht</u> Erfüllung in der Liebe hat positive Werte	<ul><li>wird sich selber fremd</li><li>ist unsicher</li><li>Langeweile, Vergnügungssucht</li><li>Streben nach Materiellem</li></ul>sieht nur Negatives
Held	starke Persönlichkeit (pos.) innerlich ausgewogen an Werte gebunden zur Selbstbestimmung fähig aktiv, vorwärts strebend sozial verpflichtet kommunikativ	entpersönlicht (negativ) schizophren, abnorm orientierungslos fremdbestimmt, ausgeliefert passiv, mit sich beschäftigt einsam, ausgestoßen sprachlos (innerer Monolog)
Darstellungsform	klare Gattungsgrenzen klarer Aufbau abgeschloss. Geschehen lineare Handlung auktorialer Erzähler Hochsprache	Auflösung der Grenzen komplexe Gliederung oft fehlen Teile d. Handlung Zeitsprünge, o. Einführung personal, Perspektivenwechsel Dialekt, Auflösung d. Syntax
Literatur	Effi Briest m. modernen Zügen	Fräulein Else

Effi Briest

- Roman »Effi Briest« von Theodor Fontane, 1896
- Realismus
- zeigt Druck der Gesellschaft für Frauen Anfang des 20. Jahrhunderts
- Heirat ohne Liebe, Unglück der Frau
- niedrige Stellung der Frau (Kind wächst nach Scheidung bei Vater auf)

Inhalt:
- wächst in wohlhabender Familie in Hohen-Cremmen auf
- Effi 17 Jahre alt: Landrat Geert Instetten hält um ihre Hand an (hat in seiner Jugend „Beziehung" mit Mutter geführt)
- nach Hochzeitsreise Umzug nach Kessin
- Effi ist zunächst fasziniert (wegen Kurort, viel los etc.)
- freundet sich mit Apotheker Gieshübler an
- wird von Alpträumen (Chinese) geplagt, Heimweh
- Schwangerschaft, im Sommer: Tochter Annie
- Roswitha wird eingestellt, kümmert sich um Effi & Kind
- lernt Major von Crampas kennen (+ Familie)
- Handküsse bei Schlittenfahrt
- weitere Details mit Crampas nicht bekannt, nur Andeutungen
- Instetten und Effi ziehen nach Berlin
- Effi nimmt mehr am gesellschaftlichen Leben teil
- nach mehreren Jahren: Kur Effis
- Instetten findet Liebesbriefe von Crampas
- Duell zwischen Instetten und Crampas → Crampas stirbt
- Effi wird verlassen, Eltern verbannen sie wegen Schande
- allein mit Haushälterin in Berlin
- nach 3 Jahren erstes Treffen mit Annie → kalt, distanziert
- Effi: Zusammenbruch, Erholung bei Eltern
- Effi wird melancholischer und depressiver
- stirbt mit 29 im Elternhaus, wird bei Sonnenuhr begraben

Stil:
- Gespräche realistisch, poetische Elemente (komplexe Schriftsprache)
- Chronologisch
- Eine Perspektive
- Kein innerer Monolog
- Zeitsprünge (z.B. Berlin), Zeitangaben
- Syntaxauflösung in wörtlicher Rede
- Weltbild der Figuren wird hinterfragt (Gesellschaftskritik)

Fräulein Else

- Novelle von Arthur Schnitzler, 1924
- Else als Außenseiterin (→ femme fragile)
- materiell geprägte Gesellschaft ist verlogen
- brüchige familiäre Strukturen
- 5 Abschnitte:
  o Der Expressbrief (1-16)
  o Dorsdays Forderung (16-37)
  o Das verpasste Dinner (37-53)
  o Der zweite Brief (53-70)
  o Krankheit (70- Ende)

Inhalt
- Else, 19 Jahre alt, hübsch, lebenslustig
- Ferien bei Tante und Cousin Paul in italienischem Kurort
- Brief der Mutter: Vater muss ins Gefängnis ohne 30 000 Gulden
- Freunde und Verwandte wollen nicht helfen

- Else soll Kunsthändler von Dorsday (auch im Kurort) um das Geld bitten
- findet ihn widerlich & unanständig
- fragt ihn, er willigt ein, wenn er sie nackt sehen darf
- wütend auf Vater & Mutter, sie in solche Lage zu bringen
- will sich nicht wie Hure für Geld verkaufen
- 2. Brief der Mutter: Vater braucht 50 000
- Else löst sechs Päckchen Veronal in Wasserglas
- entkleidet sich, hüllt sich in langen Mantel & geht zum Speisesaal
- sieht Dorsday, fällt halbwegs in Ohnmacht
- wird ins Zimmer gebracht, schluckt Veronal → stirbt

Stil

- innerer Monolog
- Wiederholungen
- Parataxe

- fiktive Gespräche
- Gedankensprünge (stream of consciousness)

Effi Briest und Fräulein Else im Vergleich

	Effi Briest	Fräulein Else
Autor	Theodor Fontane	Arthur Schnitzler
Gattung	Roman	Novelle
Jahr	1895/96	1924
Charakter der Heldin	<ul><li>kindlich</li><li>phantasievoll</li><li>anspruchsvoll</li><li>sehnsuchtsvoll</li><li>Identifikationspotential</li></ul>	<ul><li>fantasievoll</li><li>innerlich zerrissen</li><li>unsicher</li><li>oberflächlich</li><li>zerrissene Figur</li></ul>
Konflikt der Heldin	Sehnsüchte mit Normen der Gesellschaft vereinbaren (Ehebruch) Konflikt von außen	muss ihrem Vater helfen, will sich aber nicht ausziehen Konflikt von innen
Beendigung des Konfliktes	lebt einsam, stirbt, will sich mit Gesellschaft versöhnen	hilft ihrem Vater, Selbstmord (selbstbestimmt)
Darstellung der Gesellschaft	<ul><li>Beginn der weibl. Emanzipation</li><li>Gesellschaft gibt Leben vor</li></ul>	<ul><li>verlogen, oberflächlich, materiell geprägt, konservativ</li></ul>
Haltung der Heldin zur Gesellschaft	<ul><li>Rebellion</li><li>leidet an Leere der Ehe</li><li>vorsichtige Kritik</li></ul>	<ul><li>Außenseiterin</li><li>von Gesellschaft in Enge getrieben</li></ul>
Gestaltung des Anfangs	Ort detailliert beschrieben, Vorausdeutungen	direkte Einführung ins Geschehen
Deutung des Schlusses	mit sich selbst im Reinen, versöhnt mit Gesellschaft	zerbricht an sich selbst, Flucht aus Gesellschaft
Auffälligkeiten in der Sprache	<ul><li>detailliert</li><li>hypotaktisch</li><li>Vorausdeutungen</li></ul>	<ul><li>Kursiv bei Dialogen</li><li>Parataxe</li><li>Wiederholungen</li></ul>
Erzählperspektive, -standort, -haltung, Sichtweise	<ul><li>auktorialer Sie-Erzähler</li><li>Innensicht, geordnet</li><li>neutral, leicht affirmativ</li><li>traditionelles Erzählen</li></ul>	<ul><li>Ich-Erzähler</li><li>Innensicht</li><li>chaotisch</li><li>modernes Erzählen</li></ul>
Darbietungsform	<ul><li>Dialog</li><li>Figurenrede</li><li>szenisches Erzählen</li><li>Erzählerbericht</li></ul>	<ul><li>innerer Monolog</li><li>stream of consciousness</li><li>Dialoge</li></ul>
Zeitgestaltung	zeitraffend/zeitdeckend	Zeitdehnung

Was ist der Mensch?
Wandel des Menschenbildes:

Barock	leidend, standhaft
Aufklärung	rational denkend, einsichtig
Sturm und Drang	leidend
Klassik	idealistisch, harmonisch, an Antike orientiert
Romantik	unbegrenzt fühlend, isoliert, Suche nach Glück
Realismus	diesseits bezogen
Naturalismus	von Umfeld geprägt
Moderne	suchend

Freuds psychischer Apparat
- Mensch wird von (sexuellen) Kräften des **Ich** gesteuert
- von moralischen Ansprüchen der Gesellschaft durch **Über-Ich** gesteuert
- immense Bedeutung der kindlichen Entwicklung

Das Es	Das Ich	Das Gewissen
• folgt dem Lustprinzip • Streben nach Lustgewinn	• Bewältigung von Problemen der Realität • kann das Es nicht unterdrücken <u>Das Über-Ich</u>	• Verinnerlichung der Werte und Normen • Gegenteil vom Es

Nihilismus
- von Nietzsche
- alle bisherigen Vorstellungen sind falsch, nichts ist richtig
- Verneinung der **Moral**: keine unbedingten Werte → nur in bestimmten Situationen nützlich
- Verneinung der **Wahrheit**: die Wahrheit ist subjektiv
- Verneinung des **Ziels**: ewige Wiederkehr des Gleichen → kein Fortschritt und kein Ziel
- Verneinung von **Gott**: keine Übergeordnete Instanz („Gott ist tot")
- →Überwindung des Nihilismus setzt Entwicklung zum Übermenschen voraus

Das Göttliche (Goethe, 1783)	Der Arzt II (Gottfried Benn, 1917)K
Klassik	Nihilismus
• Mensch soll edel, hilfreich & gut sein • „göttliches" Potential	• Mensch ist tierisch, krankhaft, widerlich • hat Mensch überhaupt Seele?
• Natur ist höhere Gewalt • weder gut noch schlecht	• Mensch ist ekliger Natur unterworfen
• Erziehung des Menschen ist möglich	• kein Unterschied zwischen Mensch & Tier

Lebenskrisen & Identitätsprobleme
- Große Depression (1873 – 1896) →wirtschaftliche Flaute
- Autoren: Hölderlin, Brinkmann
- Erschrecken vor Selbsterkenntnis

Stationen des Lebens
- Autoren: Rose Ausländer, Erich Kästner, Enzensberger
- Rückblick auf prägende Phasen des Lebens
- Beschreibung eines Wandels

Frauenbilder (literarische Stereotypen)
Ideal:
- Frau als Ehefrau und Mutter
- kümmert sich aufopferungsvoll um Ehemann, Nachwuchs, Haushalt
- keine weiteren Bedürfnisse (sexueller Natur etc.)

Typen:
Femme fragile:
- beliebter Typus in der Literatur
- schwach, kränklich, zerbrechlich
- asexuell → Männern nicht gefährlich
- häufig elfenhaft, mythisch
- Effi Briest weist Züge auf
- Krankheit, Tod, Tochter der Luft

Femme fatale:

- abschreckend
- Geliebte eines Mannes
- sinnlich, verführerisch
- zerstört Mann und sich selbst
- Frl. Else träumt, diese zu sein
- lehnt sie aber auch ab
- damals schwer, sexuelle Wünsche mit Erwartungen in Einklang zu bringen

Rollenverhalten der Frau im Wandel/ Emanzipation
- Hauptbenachteiligte
- keine politischen Rechte
- keine berufliche Gleichheit
- keine rechtliche Gleichheit
- keine soziale Gleichheit
- Aufbegehren der Frau Ende 19. Jhdt.

- Frauen treffen eigene Entscheidungen
- versammeln sich
- gründen politische Gruppen
- fordern Gleichberechtigung
- Abitur ab 1899
- Studium ab 1908
- Wahlrecht ab 1919

Liebe

Gedichte	Thema/Motiv
Liebeslyrik	Wonne& Schmerz der Liebe; gefühlsbetont
Gedankenlyrik	Lebenskrisen, Identitätsprobleme, Menschenbild
Naturlyrik	Naturbegegnungen & Naturleben (Jahreszeitenwechsel)
Politische Lyrik	Aussagen zu politischen Ereignissen als Appell, Kritik formuliert
Großstadtlyrik	Erleben der Großstadt (vor allem Expressionismus)
Poetische Lyrik	Gedichte werden zum Gegenstand des Gedichts & als Form reflektiert

Liebesauffassung im Mittelalter
- Ritter wirbt um Angebetete
- ideale Vorstellungen werden thematisiert
- Aussparung von Erotik
- Gleichberechtigung von Mann und Frau in der Liebe
- Petrarkismus:
  - Geliebte wird mystifiziert
  - Liebe als ausgeschlossener vor dem Schlafzimmer

Liebesauffassung im Barock
- Rollenlyrik (Dichter spiegelt nachempfundene Gedanken, Gefühle in Figur wieder)
- belehrender Charakter
- Motiv der Vergänglichkeit

Liebesauffassung im Sturm und Drang
- stürmischer Liebesrausch
- Möglichkeit der Selbstbestimmung nimmt zu
- Herz wird von der Gesellschaft nicht beeinflusst
- Liebe soll bereichern, gegenseitige Liebe als Ideal

Liebesauffassung in der Klassik
- Versöhnung zwischen Verstand & Gefühl
- Liebe zur Schönheit der Kunst

Liebesauffassung in der Romantik
- Sehnsucht nach (verflossener) Liebe

Liebesauffassung im Realismus
- ewige Liebe ist nur Illusion
- Liebe findet sich in Harmonie im wirklichen Leben

Liebesauffassung in der Moderne
- anti-romantisch
- flüchtige Beziehungen
- Liebe & Sexualität

Liebesauffassung in der Postmoderne
- durch 2. Weltkrieg verlassen, klammert an Vergangenheit
- Selbstlosigkeit

Literatur & Sprache von 1945-Gegenwart

Zusammenfassung Deutsch, 3. Semester

Gesellschaftliche Veränderungen nach 1945

08.Mai 1945: Kapitulation	Ende des zweiten Weltkrieges
Vier Besatzungszonen	Aufteilung unter Alliierten
Gemeinsame Regierungsziele (4D´s)	Demokratisierung, Denazifizierung, Demilitarisierung, Dezentralisierung
Wirtschaftliche Situation	• Mangel an Lebensmitteln • Aufblühen von Schwarzmärkten • Inflation der Reichsmark
Politische Situation:	• Kapitalismus vs. Kommunismus → Kalter Krieg
Währungsreform	• Verbesserung der wirtschaftlichen Lage durch Erhard • soziale Marktwirtschaft (1948) • Währungsreform 1948 (DM)
Gründung der BRD	• 23.05.1949 • Grundgesetz → demokratisch • Bundeskanzler: Konrad Adenauer (CDU) • Bundespräsident: Theodor Heuss (FDP) • Ziel: Wiedererlangung d. Souveränität
Ära Adenauer	• Wiederaufbau • Kalter Krieg • Integration ins westliche Bündnissystem • Aufstieg durch Leistung möglich • Ziel: sichere, berechenbare, kontrollierbare Lebensverhältnisse
Gründung der DDR	• 07. Oktober 1949 • Ein- Parteien Diktatur • Spitzelsystem → Stasi • 40 Jahre später friedliche Revolution
Pragmatische Generation	• Schaffung sicherer, kontrollierbarer Lebensverhältnisse • „den Tüchtigen gehört die Welt" • Glaube an: Freie Marktwirtschaft, Fortschritt, Technik • Stolz auf Staat • Bestimmung über eigenes Land • familiäre Stabilität wichtig
Vietnamkrieg	• 1969-1973
Medien	• Bilder von Kampfhandlungen • Brutalität des Krieges als sinnlos empfunden • Weltweite Empörung über Einsatz der USA von Napalm-Bomben
Protestbewegung	• Studenten stellen Autorität des Staates in Frage, gegen Vätergeneration (belastet durch Nazizeit/zweiter Weltkrieg) • Organisation zivilen Ungehorsams • Auseinandersetzung mit NS/Holocaust

Politisierung der Jugend:	• Bruch des Gemeinschaftsgefühl durch wachsenden Wohlstand • Orientierung an Grundgesetz • Forderung nach demokratischen Rechten, sozialer Gerechtigkeit, Beseitigung von Not und Armut • Ablehnung der sexuellen Tabuisierung • ideale Gesellschaft: gleiche Chancen für alle Mitglieder
Jugend	• Selbsterkenntnis, Selbstentfaltung, Kreativität, Gefühl • Möglichkeit sich selbst zu entwickeln
Frauenbewegung	• Forderung nach Gleichberechtigung, Emanzipation, Anerkennung, gleichem Lohn für gleiche Arbeit, Selbstbestimmung, Kamp gegen sexuelle Gewalt
Ära Kohl	• 1982/83 konservative Regierung • Hintergrund: beginnende Wirtschaftsprobleme, verschärfte Arbeitslosigkeit • Steigende Staatschulden
Maßnahmen	• Privatisierung (weniger Staat mehr Markt) • Wettbewerbs & Konkurrenzdenken
Mauerfall	• 1989, Deutsche Wiedervereinigung • Planwirtschaft wird zu Marktwirtschaft
Sehnsüchte der Jugendlichen	• Auseinandersetzung mit Globalisierung • Unsicher gewordene Welt • alte Gewissheiten schwinden • Realität → kalt, anonym, konkurrenzorientiert • neue Mittelpunkte: virtuelle Sozialwelten • Sehnsüchte → Subjektivität, Emotionalität, Kommunikation, Gemeinschaftsgefühl • Plurale Lebensstile

Adoleszenzliteraur (Jugendliteratur) allgemein
- Gegenstand ist Lebensphase von Kindheit zum Erwachsenenalter
- Gelingen oder Misslingen der Suche nach Identität
- Entwicklung des Individuums als individuelles Einzelschicksal

Adoleszenz im Wandel
- Übergang zum Erwachsenenstatus wird immer mehr heraus gezögert
- Heirat, Familiengründung etc. oft erst mit 30 Jahren (früher anders)
- Generationen verwischen
- Abgrenzung durch Sprache, Gesten, Kleidung etc.

Jugendliteratur im Wandel
Trümmerliteratur
- Auseinandersetzung mit Vergangenheit, Bewältigung der Gegenwart & Sprachmissbrauch der Nazis
- Abgrenzung von Nazis durch Verzicht auf Pathos, Prunk und Heroismus
- vereinfachte Satzkonstruktionen, verblose, abgebrochene Sätze
- Bezug auf Situation der Kriegsheimkehrer
- autobiografische Erfahrungen (Bsp. Heinrich Böll)
- Themen: Leid & Niedergeschlagenheit, Zerstörung der Städte & Ideale, Klage, Scham, Frage nach der Schuld
- Darstellung der Wahrheit, egal ob schön oder nicht

Jugendliteratur der 60er Jahre
- „Der Fänger im Roggen" (J.D. Salinger)
- Jugendliche erkennen sich wieder
- Rebellion gegen die Vätergeneration
- Kritik an überkommenen Rollenbildern
- Suche nach sich selbst
- neue soziale Bewegungen (Frauenbewegung, Studentenbewegung)
- Romane mit jungen Protagonisten (Die neuen Leiden des jungen W.)
- reflektieren innere Zerrissenheit & krisenhafte Erfahrungen
- Erzähltechniken: Ich-Erzählung, personal, innerer Monolog, Bewusstseinsstrom, erlebte Rede, Traumsequenz
- Protagonisten sind Individuen (einmalig)
- Gestaltung komplizierter Innenwelten & psychische Prozesse
- Themen:
  - Ablösung von Eltern
  - Ausbildung eigener Wertvorstellungen
  - erste sexuelle Kontakte & Beziehungen
  - Freundschaften
- rebellieren gegen herrschende Normen & Werte
- spielerisch, Fantasie, Freiheit & Emotionalität zählen

„Neue Jugend" (Jugendliteratur der 90er Jahre)
- Jungsein als Ideal der 90er
- über gesellschaftlichen Status definiert
- was früher provozierte wird jetzt von Eltern toleriert
- Kulturelle Koexistenz anstatt Konflikte
- Vielfalt der Stile, Meinungen & Lebensstile
- fragmentarisch, zeigt die Sinnlosigkeit des Lebens
- keine Suche nach der eigenen Identität mehr
- verschiedene Ich-Perspektiven
- Leben als Endlosparty, Welt als Erlebnispark
- Protagonisten sind richtungslos, irren umher (leiden nicht darunter)
- ironische Erzählhaltung
- es geht um uneingeschränkten Genuss
- alles ist schon bis zur Langeweile durchlebt, schon einmal da gewesen
- es gibt keine Auseinandersetzung mehr
- keine Kommentare, versteckte Wertungen
- Erzählperspektiven wechseln oft

Wandel im Vergleich: 1950, 1970, 1990

	1950er	1970er	1990er
Familie	Familienleben als Selbstwert und Ziel, prägende Realität	zunehmende Auflösung familiärer Strukturen, Flucht aus Familie & Abgrenzung	keine soziale Realität mehr
Gesellschaft	Vergangenheit ist tabu, Aufbruch in bessere Zukunft	Enttabuisierung, Verwandlung gesellschaftlicher Werte, Emanzipation	Medienwelt ersetzt soziale Realität
Identität	durch gesellschaftliche Werte & Vergangenheit	Aufbegehren, Konzentration auf innere Werte	Selbstinszenierung, Konsum von Medien, äußere Werte
Erzähler/ Sprache	traditionelles Erzählen	moderne Erzähltechnik, mehr Umgangssprache, Ich-Perspektive	moderne Erzähltechnik, Eindrücke & Gedanken

Unterschiede DDR & BRD

	1950er	1970er
DDR	arme Verhältnisse Kameradschaftsgedanke anders sein wird nicht toleriert Schein von Demokratie auktorialer Er/Sie-Erzähler	wohlhabende Familie Jeans als Lebensstil Ziel: ewige Jugend personaler Ich-Erzähler, innerer Monolog
BRD	wohlhabend Konflikt zur Nazivergangenheit Verdrängen des Holocausts christlicher Glaube personaler Ich-Erzähler	wohlhabend Ziel: Freiheit gegen Krieg, für Liebe Freiheitskämpfer personaler Er/Sie-Erzähler

Postmodernes Erzählen
Popliteratur
- Multikulturalität
- Vielfalt der Lebensstile und Meinungen wird ausgedrückt
- Alltägliches und Bekanntes wird aufgegriffen
- keine Grenzen zwischen den Stilebenen → Stilpluralismus
- viele Tabuwörter
- adressiert an Massenpublikum, jedoch vor allem an 15-30 jährige
- Ziel: Unterhaltung statt Kritik oder Aufklärung
- häufig Innensicht des Erzählers, Bewertung der Umwelt
- Umgangs-/Jugendsprache
- häufige Verwendung von Anglizismen
- Mehrfachcodierung (Interpretation)

Intertextualität
- neuer Text bezieht sich auf bereits existierenden Text → neue Bedeutungsfacetten für den alten Text
- immer mehr Bedeutung aufgrund der Vorstellung, dass bereits alle Themen, Motive und Stile bereits existierten
- Parodie, Hommage, Plagiat
- Zitat: für den Leser, welcher den Originaltext kennt oder um dem eigenen Text eine neue oder verstärkte Bedeutung zu geben

Pop-Literatur und Jugendkultur in der Mediengesellschaft
- durch soziale Erziehung anderer Medien kaum noch Literaturinteresse
- Selbstinszenierung der Autoren in Medien wie Fernsehen (Talkshows)

Die Generation Golf
- fühlen sich verlassen: kalte, anonyme, konkurrenzorientierte Realität
- sehnen sich nach Emotionalität, Kommunikation, Gemeinschaftsgefühl
- behütete Kindheit und sorgenfreie Jugend
- Höflichkeit und Etikette wurden wiederentdeckt
- orientierungslos, wenig Gedanken über die Zukunft
- orientierungslos auch in politischen Fragen
- kümmern sich nicht um Angelegenheiten anderer („Toleranz")
- das „Ich" als einzige Konstante in wechselbarer Welt
- 'Jungsein' gilt als Ideal
- Statussymbole (Auto) → Oberflächlichkeit
- Globalisierung → vermehrte Nutzung von Anglizismen
- Medienwelt ersetzt langsam die Realität
- Generationenkonflikt entschärft („Unsere Eltern kiffen mehr als wir, wie soll man da rebellieren?")

Die Generation Golf in der Literatur
- traditionelle Suche nach dem Ich findet nicht mehr statt
- stattdessen immer wieder Suche nach dem Intensiven, dem Neuen
- Ereignisse wirken wahllos und ohne Zusammenhang → sinnloses Leben
- Protagonisten bleiben richtungslos
- auf moralische Wertungen wird verzichtet
- alles ist schon einmal dagewesen, alles ist eine Kopie

6. Kapitel von "Ätsch, wir haben mehr Golf als ihr" (Florian Illies, 2000)
- gehörte selbst der Generation Golf an
- machen sich keine Mühe, wenn es auch bequem geht
- gepflegtes Aussehen als einer der Grundwerte der Generation
- soziale Differenzierung durch teure Produkte
- Tugenden wie Höflichkeit und Etikette → Tischmanieren, außerdem Hinwendung zu großelterlichen Werten
- kümmern sich nicht um andere, sehr Ich-bezogen
- einfaches Essen aus Bequemlichkeit
- Jugendliche wollen geregeltes, erwachsenes Leben
- unpolitisch
- leicht beeinflussbar von Werbung

Christian Kracht: Faserland (1995)
Titel
Faser und Land
- Bindungen zu Deutschland 'zerfasern'
- Fasern → Kleidung → wichtiger Stellenwert im Leben des Protagonisten
- 'Fatherland' (Vaterland → Nazis)

Inhalt/ Analyse
- Erlebnisbericht eines Ich-Erzählers ohne Namen, er ist emotional leer, arbeitslos, ziellose Reise durch Deutschland
- Beziehungen oberflächlich und flüchtig
- Lebensalltag bestimmt durch Medien, Marken und Partys
- Verliert Kontrolle über Verhalten und seinen Körper
- Auf Suche nach sich, nach Gemeinschaft, nach positiver Identifikation
- Reise quer durch Deutschland (Sylt, Frankfurt, Heidelberg, München, Bodensee) auf Suche nach Begegnungen und Wiederbegegnungen
- Buch/Reise endet auf Schweizer Zürichsee → Selbstmord?
- Durchgängig hoher Alkoholpegel, reduzierte Aufnahme fester Nahrung
- Identitätslosigkeit überspielt mit Alkohol

- aufgewachsen im materiellen Überfluss, emotional vernachlässigt
- Mutter & Geschwister nie erwähnt; Schulzeit auf Internat Salem: reduzierter Kontakt zur Familie; Vater eher negativ
- Offener Konflikt mit Elterngeneration findet nicht statt
- Rückblenden auf Kindheit gewinnbringend für Gesamtinterpretation: Hinweise auf mögliche Ursachen für emotionale Probleme

Hurrelmann (Soziologe) in Bezug auf Faserland
- keine Ausübung eines Berufes, aus Internat geschmissen, keine erkennbaren Hobbies
- Aufbau einer Beziehung trotz sexuellen Interesses nicht möglich, ungeklärtes Verhältnis zur Homosexualität
- Gleichgültigkeit gegenüber leidenden Mitmenschen, Unfähigkeit guten Freunden beizustehen, Provokation und Beschimpfung anderer Menschen, Amüsieren auf Kosten anderer, Diebstahl
- übertriebener Alkohol-/Zigarettenkonsum, hoher Stellenwert von Mode-/Geschmacksfragen, Besuch von Partys, Clubs, Kneipen
- Herumreisen ohne Ziel, Alkoholkonsum zur Bekämpfung von Unsicherheit
- materielle Abhängigkeit von Familie

Erzählperspektiven &-haltungen
- fragmentarisch und sprunghaft
- unzuverlässiges Erzählen: zweifelhafte Behauptungen
- Tonfall: fortlaufendes Plaudern, Beschreibung, Kommentare und Bewertung, schnelles Vergessen
- ein 'Sein' hinter dem 'Schein' wird nicht mehr gesucht

Faserland und Elemente modernen Erzählens
- Beziehungslosigkeit & emotionale Leere = Außenseiterfigur
- Teilnahmsloser Beobachter, wurzellos, kein festes Zuhause, keine realistischen Zukunftsperspektiven
- Welt ist fremdartig und rätselhaft
- Überforderung durch undurchschaubare Welt
- Identitätslosigkeit
- Unzuverlässiges Erzählen
- Vergangenheitsbewältigung & Medialisierung der Welt

Intertextualität zu anderen Texten/ Büchern:
zu: Der Tod in Venedig von Thomas Mann
- Übergang zu Thomas Mann bei Faserland beim gewollten Besuch seines Grabes in der Schweiz
- Traum von Orgie in 'Der Tod in Venedig' → Orgie bei Nigel in Hamburg
- Spiel mit Homosexualität, Konflikt des Protagonisten, ob er sich Homosexualität eingestehen will
- Motiv des ziellosen Reisens
- Kommunikationsprobleme und Einsamkeit der Hauptfigur

zu: American Psycho von Bret Easton Ellis
- es geht in beiden um zwei junge, ich-fixierte, wohlhabende Männer
- trinken viel
- Markenwahn
- haben gewissen psychische Störungen und Minderwertigkeitskomplexe
- beobachten und analysieren Umwelt genau
- gestörtes Empfinden der Umwelt und von sich selbst
- gestörte Kommunikation

- Hund auf dem Friedhof in der Schweiz entspricht Kerberos dem Totenhund, der zu Beginn der Reise der Toten zu sehen ist
- Mann mit Ruderboot entspricht Charon dem Fährmann, der den Toten zu seinem Ziel führt
- Ich-Erzähler bezahlt → Bezahlung Charons
- Ich-Erzähler will See überqueren wie die Toten der griechischen Sage die Hölle durchqueren mussten

Beziehungen des Erzählers zu anderen

	Ich-Erzähler
Karin	- Bekannte, oberflächliche Beziehung - traut sich nicht, sie wieder zusehen → Flucht
Sarah	- erste Liebe, keine sexuelle Beziehung - Blamage → Flucht
Mädchen auf der Party in Hamburg	- versteht alles, was es zu verstehen gibt - übergibt sich → Flucht
Isabella Rossellini	- kennen sich nicht - schönste Frau der Welt für ihn, weil sie unperfekt ist - will Kinder mit ihr und auf einer einsamen Insel leben → unerreichbar
Henning	- soziale Unterschiede → Kontaktabbruch
Nigel	- kennen sich lange - erwischt Nigel bei 3er → zitternde Hände, weint → Flucht
Alexander	- bester Freund der Jugendzeit in Salem → Angst vor Kontakt, klaut dessen Jacke, Flucht
Varna	- Alexanders Freundin - 'liberal-dämlich' - beachtet ihn nicht
Rollo	- hilft dem Erzähler, als er bewusstlos wird - raucht und nimmt Drogen - Erzähler sieht Rollo als Freund → hilft Rollo nicht, Rollo stirbt

Merkmale der Gegenwartssprache

- Hauptsatzwortstellung nach „weil"
- Akronyme (Abkürzungen als Wort gesprochen): UNO, NATO, TÜV
- Initialwörter (Abkürzungen als Buchstaben gesprochen): EU, ICE
- Kurzwörter: Uni, Gym
- Mehrgliedrige Komposita: Arzneimittelvergütung
- mehrgliedrige Adjektivbildung: kostenintensiv
- geschlechtliche Beidnennung (Schüler und Schülerinnen)
- Anglizismen
- Rückgang des Genitiv –s bei Namen (das Auto von Otto/Ottos Auto)
- Konjunktivumschreibung mit „würde"

Theorien des Sprachwandels

Bastian Sick (in: „Der Dativ ist dem Genitiv sein Tod")
- Hochsprache verflacht
- Dialekte verändern Hochdeutsch
- Kampf zwischen Dativ & Genitiv
- → ohne Belege, nur eigene Meinung

André Meinunger (in: „Sick of Sick")
- Sprache hat keine Gesetze → es gibt keinen Sprachverfall
- braucht keine Sprachpfleger
- sprechen nach Sprachgefühl
- Sprache ist unabhängig (autonom) & bildet sich selbst neu (autark)
- Sprachwandel gab es immer & wird es immer geben
- als „richtig" angesehene Sprache ist selbst Produkt von Sprachwandel
- → sachlich-kritisch, aber wenig seriöse Belege

Peter Schlobinski (in: Verfällt die deutsche Sprache?")
- Frage: Zerstören Anglizismen Grundstrukturen der deutschen Sprache?
- Antwort: nein!
- Integrationsschwierigkeiten werden widerlegt, nicht vorhanden
- Vorurteil: Überflutung & Überschwemmung durch Fremdwörter
- aber: seit 1945 nur ca. 3500 englische Wörter
- davon sind die meisten Fachbegreife (Computer)
- aus Werbung, Mode, Popmusik (verschwinden auch wieder)
- Mauer, Straße, Fenster, Keller, Apfel, Birne → aus dem lateinischen
- Klage über Verfall gibt es so lange wie es deutsche Sprache gibt
- Frankreich Gesetz: nur französisch in Medien, Strafe auf Anglizismen
- Sprachwandel ist Ausdruck gesellschaftlicher Prozesse
- Ausdruck unserer Haltung & Ziele (vergl.: Jugendsprache)
- solange man der deutschen Sprache Raum zur Entwicklung lässt, ohne sinnlose Gesetze zur Eingrenzung kann jeder Anglizismen boykottieren
- diktatorische Listen zur Ausmerzung von Fremdwörtern (Nazi-Bezug)
- → nennt viele seriöse Belege & Beispiele, vielseitige Argumentation

Dieter E. Zimmer
- Anglizismen nachgeben oder sie verweigern?
- einsehen, dass wir Einwanderungsland sind
- aber Fremdwörter müssen sich grammatisch integrieren lassen
- Ausdrücke, die es im Deutschen gar nicht gibt
- notwendig & nützlich
- Team ist nicht dasselbe wie Mannschaft → semantische Nuance

Verein Deutsche Sprache
- kein Maßstab wie viele Fremdwörter eine Sprache verträgt
- zunächst deutsche Synonyme suchen, nur wenn es keine gibt sollten Fremdwörter eingesetzt werden
- Meisterliga statt Champions League, Besatzung statt Crew
- englische Wörter stehen für nicht genutzte Möglichkeiten der deutschen Sprache

Winifred V. Davies (englische Sprachwissenschaftlerin)
- Differenztheorie: alle Varietäten sind korrekt, wenn Gegenteil nicht bewiesen
- Sprache als wichtiges Sozialsymbol
- Standardsprache/Hochsprache/Standardvarietät/Literatursprache
- eine Alternative wird als „richtig" privilegiert
- Variation wird als Problem statt als Ressource dargestellt
- gesprochene Sprache ≠ geschriebene Sprache

Rudi Keller (Sprachwissenschaftler)
- permanenter Veränderungsprozess von Sprache
- „Modell der unsichtbaren Hand":
  o weder Natur noch Kulturphänomen
  o entsteht durch nicht intendierte Handlungen v. Individuen
  o „wie von unsichtbarer Hand geleitet"
- an Sprache selbst denken wir beim kommunizieren gar nicht
- verändern sie aber ständig, unbemerkt
- Veränderung können wir weder gezielt hervorbringen noch verhindern
- „Die Schaulustigen":
  o zwei Ringe um zwei Gruppen von Straßenkünstlern
  o Sprachwandel entsteht ohne Plan, unbeabsichtigt
- „Trampelpfadtheorie"
  o viele Menschen gehen über eine Wiese, Intentionen ähnlich
  o wählen kürzesten und gangbarsten Weg → Trampelpfad entsteht
  o Einzeln irrelevant, in Vielfalt: Konsequenz
  o nicht-intendiert
- Menschen handeln in gewissen Aspekten ähnlich

Jens Jenssen
- kenntnislose Aneignung v. Anglizismen zu dekorativen Zwecken
- Deutsch ist seit langem Hybridsprache
- früher: reicher, komplexer, dichterischer durch Übernahmen
- heute: Simplifizierung in Bewunderung für alles amerikanische
- deutsch würde dennoch weiterleben (wie altgriechisch & Latein)

Eckart Werthebach (Innensenator)
- Sprachreinigungsgesetz

Gerhard Illgner
- deutsche Sprache wird bis zum Verlust der Verständlichkeit verändert

Peter Eisenberg (Grammatiker)
- grammatische Integration ist kein existierendes Problem

Peter von Polenz
- Kampf gegen Wörter aus anderen Sprachen immer aus Nationalgefühl
- früher gegen Latein & Französisch

Joachim Heinrich Campe (Wörterbuch 1801)
- Zitterwort welches man widerrechtlich in unsere Sprache mischt

Barbara Sandig
- richtigen Sprachgebrauch gibt es nicht
- verschiedene Arten in unterschiedlichen kommunikativen Situationen angemessen

Varietäten der deutschen Sprache

Standardsprache: an Schriftsprache orientiert, allgemein verbindlich
Umgangssprache: bevorzugt für mündliche Alltagskommunikation
Dialekt: in begrenztem geografischen Raum, Unterschied in Aussprache, Wortschatz, Grammatik etc.
Regiolekt: viele Dialekte zusammen
Ethnolekt: von ethnisch fremden Gruppen verwendet
Soziolekt: für bestimmte Gruppe charakteristisch (Jugendsprache)
Funktiolekt: Fachsprache
Genderlekt: Geschlechtsspezifisch
Idiolekt: charakteristische Sprechweise von Einzelpersonen
Mediolekt: durch Medien geprägte Varietät

Epochen

	Aufklärung (1720 – 1785)	Sturm und Drang (1740 – 1785)	Klassik (1786 – 1832)	Romantik (1798 – 1850)
Politische Situation	• Herrschaft des Adels • Deutsches Reich ist in Einzelstaaten zersplittert	• 1776: Declaration of Independence	• 1789: Franz. Revolution → Schreckensherrschaft	• Industrielle Revolution • Französische Revolution
Menschenbild	• Mensch befreit sich aus der Unmündigkeit & denkt selbstständig & positiv • eher rational als emotional ist erziehbar • tugendhaftes Handeln	• persönliche Freiheit • Selbstverwirklichung • Schaffenskraft des genialen Menschen • emotional & naturgebunden	• allseits gebildeter Mensch soll als moralisches Vorbild handeln • Entwicklung zu sittlicher Reife	• unabhängiger Künstler & Träumer • Wahrnehmung des Unbewussten und Irrationalen des Menschen
Haltung zur Gesellschaft	• Bildung der Allgemeinheit • Kritik an Adel und Schwäche des Bürgertums • Aufklärung als schrittweiser Prozess	• Rebellion des Einzelnen gegen die Gesellschaft • Ausbruch aus den Zwängen der Gesellschaft	• Humanisierung des Einzelnen • Erziehung zu Toleranz und sittlichem Verhalten ↑ schrittweise Veränderung	• Kritik am Spießbürgertum • Selbstironie • Rückzug aus der Gesellschaft • Wendung nach Innen
Typischer Schreibstil	• klare Sprache • häufig Blankvers (reimlos) in Dramen	• freie Rhythmen • emotional • Metaphern, Ausrufe • Sprachvarianten	• rhetorische Figuren • vollendete Form • kunstvolle, regelstrenge Gestaltung	• Verschmelzung verschiedener Gattungen • bildliche Sprache/ fantastische Themen & Figuren • Fragmente (=unvollendet)
Aufgabe der Literatur	• Kritik an gesellschaftlichen Zuständen • aufklären, erziehen • nützen und erfreuen	• Literatur als Zeugnis der Schaffenskraft des Genies • Aufruf zum Ausbruch aus der Gesellschaft	• ästhetische Erziehung	• Sammlung überlieferter Texte (Volkslieder) • Selbstverwirklichung • Poetisierung der Welt
Werte	• vernunftorientiertes und tugendhaftes Handeln • Toleranz & Mündigkeit	• Individualität • Recht zur Auflehnung • Selbstverwirklichung	• schöne Seele, die Pflicht und Neigung in Balance bringt • Humanität & Reife	• griechisches Menschenbild der Klassik • innere Freiheit • Glaube an Gott
Zentrale Werke und Autoren	• Lessing: Emilia Galotti (bürgerliches Trauerspiel) • Lessing: Nathan der Weise (Ringparabel)	• Goethe: Die Leiden des jungen Werther • Schiller: Kabale und Liebe • Goethe: Prometheus	• Goethe: Iphigenie • Schiller: Maria Stuart • Goethe: Faust I • Goethe: Faust II	• E.T.A Hoffmann, Tieck • Aus dem Leben eines Taugenichts (Eichendorff) • Hymnen an die Nacht

	Poetischer Realismus (Mitte 19. Jhdt.)	Moderne	Postmoderne (nicht eingrenzbar)
Politische Situation	● Emanzipation der Frau ● gescheiterte Revolution	● 2. Weltkrieg ● Nationalsozialismus ● besetzt durch Alliierte	
Menschenbild	● neue Erkenntnisse über den Menschen (Kosmos, Evolution, Psyche) → altes Weltbild als „falsch" bewiesen ● Mensch ist komplex ● Kampf mit sich selbst (Es, Ich, „Über-Ich)	● über Mensch schockiert (Holocaust)	●
Haltung zur Gesellschaft	● Orientierungslosigkeit ● mehr mit sich selbst beschäftigt ● besonders Frauen sind dem Druck der Gesellschaft ausgeliefert	●	
Typischer Schreibstil	● alltägliche Vorgänge ● keine Wiedergabe sozialen Elends ● Epik wird bevorzugt	● Chiffren (in Gedichten) ● Sprachkrise	
Aufgabe der Literatur	● Vermittlung von „Wahrheit" durch künstlerische Bearbeitung des Stoffes	● keine wirkliche Aufgabe ● keine Ausdrücke mehr → alles falsch → alles sinnlos	●
Werte	● gegen die Romantik ● ursprüngliche Werte haben Bedeutung verloren	● alles grausam ● keine Werte mehr	●
Zentrale Werke und Autoren	● Nietzsche ● Charles Dickens: „Oliver Twist"	● Nietzsche (Nihilismus) ● Freud ● Gottfried Benn ● (Der Arzt II) ● Fräulein Else	●